奇妙的身体

QIMIAO DE SHENTI

央美阳光 / 绘编

化学工业出版社
·北京·

图书在版编目（CIP）数据

童眼识天下百问百答.奇妙的身体 / 央美阳光绘编.
—北京：化学工业出版社，2019.9

ISBN 978-7-122-34524-0

Ⅰ.①童… Ⅱ.①央… Ⅲ.①科学知识-儿童读物
②人体-儿童读物　Ⅳ.①Z228.1②R32-49

中国版本图书馆CIP数据核字（2019）第092781号

QI MIAO　DE　SHENTI

责任编辑：王思慧　谢　娣　　　　　　　　　　封面设计：史利平
责任校对：王　静

出版发行：化学工业出版社（北京市东城区青年湖南街13号　邮政编码100011）
印　　装：北京东方宝隆印刷有限公司
889mm×1194mm　1/20　印张4　2020年1月北京第1版第1次印刷

购书咨询：010-64518888　　售后服务：010-64518899
网　　址：http://www.cip.com.cn
凡购买本书，如有缺损质量问题，本社销售中心负责调换。

定　　价：22.80元

　　大眼睛，转啊转，我们的世界真奇妙！不仅多姿多彩的大自然有秘密，神秘莫测的宇宙有故事，就连生活中的衣食住行也蕴含着很多大道理呢。亲爱的小朋友，看着这个新奇的世界，你的脑海里是不是常常会冒出很多问号："它们究竟有什么奥秘？"别着急，《童眼识天下百问百答》来帮你啦！有了这把神奇的钥匙，很多问题都会迎刃而解。

　　《童眼识天下百问百答》里有许多有趣的"为什么"，还有上千幅精美的手绘彩图，它将带你畅游知识的海洋，让你足不出户就能拥抱星球，亲近自然，了解鸟兽鱼虫、花草树木以及衣食住行的神奇奥秘。还等什么？快跟着《童眼识天下百问百答》一起去广阔的科学世界走一走、看一看吧！相信在这次旅程过后，你就会成为科学"小百事通"啦！

　　地球上的生命繁多而又奇妙，人类是这众多生命群体中最特别的一员。我们的身体像由无数块拼图组合起来的有趣迷宫，处处都有神奇的奥秘。小朋友，你了解自己的身体吗？你知道身体中有哪些好玩的科学知识吗？翻开这本《奇妙的身体》，我们一起踏上探索身体的旅程。为什么打喷嚏时会闭眼睛？为什么指甲上会有"小月牙"？人的肝脏有什么作用？……解开谜团的钥匙就在书中，我们一起去开启答案吧！

目录  mu lu

挤眉弄眼的头部

灵巧的四肢和坚硬的骨骼

娇嫩的身体器官

挤眉弄眼的头部

为什么眼睛不怕冷？为什么眼泪是咸的？为什么鼻子会流血？……小朋友，你的脑海里是不是常常在思考这些有趣的问题？如果没有找到答案的话，就到这里去看一看吧！头部器官的许多奥秘在这里都能找得到！还在等什么？快开始你的探秘之旅吧！

大脑真的越用越聪明吗?

　　妈妈总说大脑越用越聪明,这是真的吗?妈妈说得对!当我们用大脑进行记忆时,会产生一种叫"西塔波"的物质,这种物质会传递到大脑中,大脑中的神经细胞受到刺激会形成新的脑神经细胞。人的脑细胞越多,脑容量越大,自然就越聪明。因此,小朋友们应该多多用脑,让自己变得更聪明!

为什么我们能记住以前发生的事情？

　　大脑非常厉害，可以帮助我们记住很多很多以前发生的事情。为什么大脑会有这种本领呢？原来，大脑中有很多的神经细胞。这些神经细胞不仅能够接收信息，还能储存信息。在回忆的时候，大脑就会将储存的信息释放出来，我们就回忆起以前的事情了。

大脑能记住多少事情？

　　大脑非常厉害，有很大很大的储存容量，可以储存相当于十亿本书的内容呢！就算我们不停地记忆，每秒钟记忆十条信息，都不能填满大脑的储存空间。所以，千万不要再说自己大脑不够用，记不住很多事情啦！

3

为什么人的头发有不同颜色？

　　人的头发有很多种颜色，比如白种人的头发就有金黄色、红棕色的，而我们黄种人都长着黑黑的头发。为什么会有这么大的差别呢？这是因为头发中存在着一种叫"色素"的东西，头发的颜色就是由这些色素决定的。我们黄种人的头发之所以是黑色的，是因为头发中含有的黑色素很多的缘故。

为什么人老了以后头发会变白？

咦，爷爷的头发变成白色了，这是怎么回事呢？很简单，我们的头发黑黑的，是因为头发一直在生成黑色素。可是，当我们的年龄逐渐增长，身体机能逐渐下降，皮层细胞的活动就会变缓，渐渐地就不会生成那么多黑色素了，缺少了黑色素，头发就会一根根地变白了。

头皮屑是头发里的"小雪花"吗？

咦，头发中怎么会有"小雪花"。这是怎么回事呢？告诉你吧，这可不是什么雪花，而是头发中的脏东西——头皮屑。我们的头皮长有角质层，角质层细胞不停地新陈代谢，每个月都会长出新的细胞，而那些坏死的细胞就会脱落掉。这些脱落掉的坏死细胞会和空气中脏脏的尘土、皮肤上的油脂相混合，于是就产生了头皮屑。如果出现了头皮屑，那就是要洗头发的信号！

为什么爸爸的胡子要天天刮？

爸爸的下巴上黑黝黝的，原来是长了好多好多的胡子。没办法，爸爸每天都要把这些胡子刮掉。你一定很好奇，想知道爸爸的胡子为什么可以长那么快吧？其实，爸爸的胡子比头发长得快，是因为爸爸长胡子的地方有很多的血管，这些血管在不断地给胡子提供养分。这样一来，爸爸的胡子刮掉后很快就会长出新的。为了保持形象，爸爸只好每天都刮胡子啦！

洗头发时为什么手觉得正好的温度，头皮会觉得凉？

小朋友们有没有发现，洗头发时，我们觉得有些烫手的水，头却一点儿都不觉得烫；手感觉温度正好的时候，头会觉得凉。这是怎么一回事呢？原来是因为我们的手一直暴露在空气中，所以感知的温度低于体温；可头皮就不一样了，它被很多的头发包裹着，所以能够接受的温度比手要高。这样一来，手觉得正好的温度，头皮就会觉得凉啦！

为什么耳朵里会掉出"黄片片"？

耳屎看起来就是一块块的"黄片片"。它是怎么出现的呢？其实耳屎和鼻屎一样，都是我们身体的分泌物和灰尘的结合体。我们的耳朵中有一个叫耵聍（dīng níng）腺的器官，它会分泌出一些保护耳朵的淡黄色液体，这种液体一接触空气后就会变成干燥的"黄片片"，也就是我们看到的耳屎了。

为什么人的耳朵要长在两边？

奇怪，为什么我们的耳朵一边一只？告诉你吧，耳朵长在我们脑袋的两边是有大作用的。当一个声音传来时，两只耳朵听到声音的速度有时一样，有时却有先后顺序。耳朵长在两边，就能够辨别出这种微小的差别，从而判断声音来源的方向和位置。另一方面，耳朵长在脑袋的两边，我们可以听到声音的范围更广呢！

脏脏的耳屎对我们有什么好处？

耳屎是垃圾吗？它有什么用呢？告诉你吧，耳屎可以滋润我们耳朵中的细毛，帮助这些细毛阻挡外面的灰尘、细菌，当然，还有那些喜欢钻洞洞的小昆虫。而且，耳屎苦苦的味道也会阻止企图进入耳道安家落户的小虫子的脚步，让它不会靠近我们的耳朵。现在知道耳屎有多重要了吧！但是，耳屎如果长时间不清理，它们就会形成阻塞，反而会影响我们的健康。所以小朋友们要养成定期科学地清理耳屎的好习惯哦！

为什么耳朵会突然"嗡嗡"响?

　　有时候,我们的耳朵会突然"嗡嗡嗡"响个不停。这是怎么回事呢?首先我们要判断身体是不是生了疾病,排除疾病的原因之后,再发生耳朵突然"嗡嗡"响的情况,小朋友们就不用担心啦,这只是一种主观感受。一般情况下,当压力很大时就会出现这种情况。此外,不开心时或者待在一个很嘈杂的环境中时,也会出现这种情况。

为什么姐姐的脸上会长出小痘痘？

小朋友的脸上光溜溜的，上初中的姐姐的脸上却长了很多的小痘痘，也就是我们所说的"青春痘"。为什么会长青春痘呢？因为当人步入青春期之后，脸部的皮脂腺就会分泌出更多的皮脂。皮脂一多，脸上的毛孔可就忙不过来了。但是，皮脂腺可不管这些，它还会不停地分泌皮脂。最终，皮脂堆积在毛孔周围无法排出，把皮肤顶了起来，就形成了一个个小痘痘。不过不用担心，皮脂腺的疯狂暴发不会一直持续下去，过了青春期，分泌的速度就会减缓啦！

为什么奶奶的脸上会长皱纹？

　　小朋友们有没有发现这样一个奇怪的现象：我们的脸光光滑滑的，可是爷爷奶奶们的脸上却长满了许多凹凸不平的皱纹。这究竟是怎么回事呢？告诉你吧，其实我们的皮肤下长着很多脂肪，正是这些脂肪让皮肤变得非常光滑。随着年龄的增长，新陈代谢越来越慢，皮肤下的脂肪也越来越少。没有了脂肪的支持，皮肤失去了弹性，松松垮垮地堆在一起，就产生皱纹了。

为什么害羞时小脸蛋会变红？

　　看到陌生人的时候会害羞，脸会不自觉地变红，还会发热，这是怎么回事呢？实际上，这是身体根据心理做出的反应呢！当我们很紧张或者很激动的时候，大脑的皮质就会受到刺激，这种感觉会传到肾上腺组织。肾上腺接收信号后，能释放出一种肾上腺素，这种物质会让我们脸部的血管扩张，进而导致血流速度加快。这样，我们的脸蛋就变得红彤彤的啦！

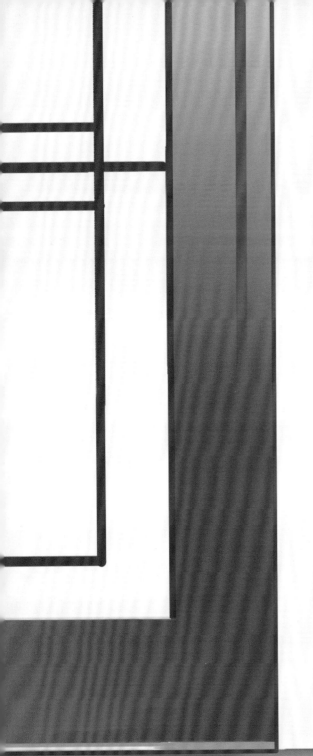

眉毛有什么用？

我们的眼睛上方长着两道眉毛，这两道眉毛到底有什么作用呢？虽然眉毛并不像我们的头发那样多，可是它们的作用却很大呢！当下雨时或者额头出汗时，小小的眉毛会挡住从额头上流下的水滴。此外，眉毛还能拦住头皮屑和其他微小的细屑，不让它们靠近眼睛。这样一来，眼睛就不会受到伤害啦！

为什么眉毛不会长长？

眉毛和头发一样都是黑黑的、细细的，可是眉毛却不会像头发一样越长越长。这是为什么呢？原来，我们的眉毛是有生长期的，同时它们也有休止期，过了休止期后就会自然脱落了。一根眉毛的生命大约只有几个月。即便在生长期，眉毛每天大约也只能长 0.2 毫米，这么微小的变化我们根本观察不到，所以就认为眉毛不会长长了。

为什么打喷嚏时会闭眼睛？

　　我们打喷嚏时总是会不自觉地闭上眼睛。这是怎么回事呢？原来，打喷嚏是需要非常大的力量的。这时，脸部的器官会有非常大的压力，肌肉开始收缩，我们就会不自觉地闭上眼睛。此外，打喷嚏时精神需要高度集中，闭上眼睛可以很好地降低外界的干扰。这就是我们打喷嚏时总会下意识地闭上眼睛的原因。

为什么人的眼睛会有不同的颜色？

小朋友们知道吗？人的眼睛除了黑颜色，还有褐色、黄色等多种颜色。这是因为眼球上长着虹膜，虹膜中包含基质层组织、前界膜组织和后上皮层组织。这些组织中有很多的色素细胞，而就是这些色素细胞决定了眼睛的颜色。不过，大多数亚洲人的眼睛都是黑色或褐色的，西方人则有很多其他颜色的眼睛，比如绿色、蓝色等。

为什么睡醒后眼睛里会有又黄又黏的脏东西？

美美地睡了一觉真舒服！醒来一照镜子，眼睛里怎么有很多又黄又黏的东西？这些恶心的东西是什么啊？这就是我们平时说的"眼屎"。眼睛之所以会生出这种脏脏的东西，是因为我们的眼皮中有"睑板"，它上面的腺体会不断地分泌出油脂，这些油脂与泪水以及进入眼睛的灰尘相结合，就形成了眼屎。

为什么眼睛不怕冷？

　　冬天到了，天气变得非常冷。为了保暖，我们需要穿上厚厚的衣服、暖和的靴子，头上还会戴着保暖的帽子，手上也会套上手套，看上去真是"全副武装"呢！然而，我们的身体有一个地方却不怕冷，那就是眼睛。这是因为眼睛没有可以感受到寒冷的神经。而且，眼睛的眼珠上有一层眼角膜，它不含血管，所以几乎没有什么散热能力。再加上有一层柔软的眼睑为眼睛遮挡寒风，因此，不管天气多么寒冷，我们的眼睛也不会觉得冷。

眼泪是从哪来的?

　　小朋友们都有过哭的经历，无论是哇哇大哭，还是小声抽泣，都有眼泪哗哗地掉下来。为什么眼睛里会流出这么多的泪水呢? 告诉你吧，我们的眼睛有一个制造眼泪的小工厂——泪腺。泪腺在白天一直不停地分泌泪液，这些泪液能润滑我们的眼睛，让眼睛不会干涩涩的。

为什么眼泪是咸咸的?

　　如果眼泪流到嘴里我们就会发现，眼泪不是无味的，而是有些咸咸的、苦苦的。你知道眼泪为什么是咸咸的吗? 告诉你吧，我们的眼泪中绝大部分是水分，还有一小部分是无机盐等物质，怪不得它有咸味呢。

眼泪有什么作用？

别看我们流出的眼泪咸咸的，它的用处可大着呢！平时，泪腺会分泌出少量的眼泪来让眼睛保持湿润。同时，眼泪还可以把眼睛里的灰尘洗干净。不仅如此，眼泪还可以杀死眼睛中的细菌，从而有效地保护我们的眼睛呢！

为什么眼泪和鼻涕会一起流？

当我们伤心流泪的时候，鼻孔里的鼻涕也会跑出来。为什么眼泪、鼻涕会一起流呢？这是因为我们流眼泪的泪小管、泪囊与鼻腔相通。在我们流泪时，眼泪除了从眼睛里流出来，也有一部分会进入鼻腔，然后再流出来。当然，从鼻子中流出来的眼泪会夹杂着一些鼻子中的杂质，就成了脏脏的鼻涕了。正因为如此，才有了"哭鼻子"这样的说法。

为什么近视的人看不清远处的东西？

　　我们一定要好好保护自己的眼睛，不要总是盯着电视看，因为时间久了很容易近视，那样就看不清远处的景物了。为什么会出现这样的情况呢？因为我们的眼睛就像照相机一样，需要对焦，也就是将物体的图像呈现在眼睛中最合适的距离和位置上。这样我们就能很清晰地看到事物。如果近视，那么事物在眼睛里的投影位置就会发生改变，那样人就看不清事物了。

多吃甜食真的会近视吗？

　　妈妈总是让我们少吃甜甜的东西，因为这不但会让小朋友的牙齿变坏，还有可能让小朋友变近视。这是真的吗？其实这是有可能的！甜甜的东西中有很多糖分，人吃了很多甜食后就会大量消耗体内的维生素 B1。这种物质的减少会让眼球的弹性减弱。这时如果再没有良好的用眼习惯，确实有可能患近视。所以，小朋友还是听妈妈的话，少吃一点甜食吧！

鼻涕是怎么来的？

　　寒冷的冬天，小朋友们在外面玩的时候常常会被冻得鼻涕直流。感冒时，也会流出很多鼻涕。那么，脏脏的鼻涕是从哪里来的呢？原来，我们的鼻子中长着一层薄薄的黏膜，黏膜下有很多黏液腺。无论我们玩耍时还是睡觉时，黏液腺都在不停地工作，分泌出很多黏液。天气冷或者人感冒的时候，它更会加速分泌。黏液多了，自然就会流出来，形成脏脏的鼻涕啦！

为什么鼻子能闻出各种气味？

　　我们的鼻子能闻到很多气味，比如包子的香味、垃圾箱难闻的气味……为什么我们的鼻子能闻出各种气味呢？原来，鼻子中有一层黏膜，上面分布着许多嗅觉细胞。这些细胞是非常聪明的，当空气中的气味遇到它们时，它们会把接收到的刺激信号告诉我们的大脑，大脑就会对这些刺激信号进行分析、反应。这样，我们就能感知到各种气味了。

为什么冬天鼻子爱流血？

　　冬天的时候我们的鼻子有时爱流血。这是为什么呢？其实，鼻子流血的原因有很多。我们的鼻子中有很多血管，这些血管的管壁都非常薄。当鼻子不小心被碰撞后，这些脆弱的血管就有可能破裂，这时血就会从鼻子中流出来。冬天天气干燥，天气太干的时候，鼻子里的血管因为缺失水分也有可能裂开，这样也会流鼻血。

24

为什么吃药时不能捏着鼻子往嘴里灌？

药苦苦的，难闻又难吃，不如捏住鼻子一下灌进肚子里怎么样？这个方法可不太好！因为我们呼吸用的气管和喉咙是相通的，它们中间只有一块可以运动的软骨。当我们呼吸时，软骨会挡住咽喉；而我们吃东西时，它又会挡住气管。如果喝药时捏住鼻子，那么就只能用嘴巴呼吸，软骨没有遮住气管的话，药就会进入气管了，这可是非常危险的行为！

为什么两个鼻孔轮流呼吸更好？

我们的两个鼻孔是相通的。小朋友们知道吗？如果用两个鼻孔轮流呼吸的话，效果会更好呢！这是因为用两个鼻孔轮流呼吸可以激发大脑的活力，让我们的大脑更加清醒。而且，这还有助于清理我们肺部的废气。更厉害的是，不开心时，如果用两个鼻孔轮流呼吸，心情就会变好呢！

为什么嘴唇是红色的?

　　想知道为什么我们的嘴唇红红的吗? 告诉你吧, 虽然我们的嘴唇上也覆盖着皮肤, 但却非常薄, 所以皮肤下的血管会显露出来。也就是说, 我们嘴唇的颜色就是我们身体中血液的颜色。

为什么天气冷的时候我们的嘴唇会变紫？

冬天真的好冷啊！有的小朋友嘴唇都被冻得发紫了。这是怎么回事呢？原来，我们的血液中含有一种叫脱氧血红蛋白的物质。当温度很低时，唇下的血管就会收缩，血流速度就会减慢，大量的脱氧血红蛋白就会聚集在嘴唇周围，让血液的颜色变深。这样一来，我们的嘴唇看上去就变紫了。

为什么呕吐后嘴里会觉得酸酸的？

当胃不舒服时我们可能会呕吐。奇怪的是，呕吐后嘴里会觉得酸酸的，可我们并没有吃酸酸的东西啊。这究竟是怎么回事呢？原来，胃总是在一刻不停地分泌着一种酸酸的液体，也就是胃酸。在呕吐时，胃酸也会从胃里涌出来。因此，吐过之后，嘴巴里就有残留的胃酸的味道了。

为什么牙齿是白色的?

　　白白的牙齿，让我们笑起来的样子更好看了！小朋友们，你们知道我们的牙齿为什么是白色的吗？这是因为，牙齿外层长有一层牙釉质，牙釉质是乳白色半透明的物质，它非常硬，可以方便我们咀嚼食物，帮助我们保护牙本质和牙髓组织。

为什么刷牙时要上刷刷、下刷刷?

　　你知道吗？刷牙时一定要上下移动牙刷，这样才能有效清理我们的牙齿。因为我们的牙齿缝中会残留一些小碎屑，上下移动牙刷，可以让牙刷毛深入到牙齿缝中，从而更好地清理掉这些食物残渣。

为什么有的小朋友牙齿上戴着"紧箍儿"？

有的小朋友一定很奇怪："咦，那个小伙伴的牙齿上怎么带着'紧箍儿'呢？"告诉你吧，那可不是紧箍儿，而是牙套。有的小朋友牙齿长得非常不整齐，于是就需要牙套的帮助啦。牙套能将我们的牙齿箍紧、固定，只要每隔一段时间对它进行一次调整，牙齿就会慢慢归位，变整齐啦！从这一点来看，管制着我们牙齿的牙套还真像一个"紧箍儿"呢！

为什么口水黏糊糊的？

　　我们的嘴里会分泌出黏糊糊的口水，那么，口水为什么会黏糊糊的呢？其实口水来自我们口腔内的唾液腺，它会分泌出很多液体。同时，口腔内还有黏液腺，它会分泌出一些黏液。两种液体相结合，就成为黏糊糊的口水了。

口水真的很脏吗？

"不要乱吐口水，很脏的。"如果你朝地上吐口水，妈妈一定会责怪你的。那么，口水真的像妈妈说的那样很脏吗？其实不是这样的。唾液中，水的比重占了大部分，剩下的小部分中包含有一些糖、细菌和钠、钾、钙、氯、硫氰离子等无机物。口水对人体有很多益处，它可以润滑我们的口腔，帮助吞咽，还可以抑菌、助消化，这样看来，唾液并不脏。只不过人的唾液都是黏黏的，还可能含有一些病菌、病毒，所以吐出的口水是很脏的。因此，乱吐口水可能会传播疾病，也是不文明、不礼貌的行为，小朋友们千万不要那样做！

为什么睡觉时会流口水？

有时睡醒之后，我们的枕头会湿湿的。小朋友们都知道，那是我们的口水。为什么熟睡中的我们会流口水呢？其实在睡觉的时候，唾液分泌的过程并没有停止，因为我们的口腔黏膜时刻都需要保持湿润。这个时候，如果我们张着嘴睡觉，或者压迫了口腔的话，那么分泌出的口水自然就会流出来了。另外，口腔溃疡、口腔有炎症的人也很容易分泌口水，口水多了就会流出来。毕竟熟睡中的我们不知道要咽口水嘛！

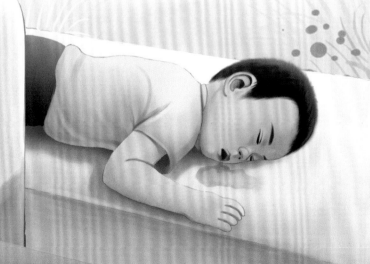

为什么舌头上长满了白点点？

小朋友们都知道，我们的舌头是红色的。但是，为什么我们的舌头上面会有些灰白色的点点呢？其实，这些白点点叫舌苔，是一种混合物。它是我们口腔中的唾液、脱落的表皮、食物残渣以及一些细菌结合在一起形成的。所以，舌头上有舌苔是正常现象，不过如果舌苔比较厚，那就是不健康的表现啦！

为什么舌头可以尝出味道来？

妈妈做的饭很好吃，我们总是吃得津津有味。但是，你想过吗，我们为什么可以尝出饭菜的味道呢？这都是舌头的功劳。我们的舌头上长着很多味蕾，这些味蕾非常敏感，不但可以感觉出各种味道，还会把味道的信息传递给我们的大脑。这时，我们就可以感觉到饭菜的滋味了。

不做梦就睡得好吗？

　　要是睡觉的时候做了一整晚的梦，那么早晨起床时就会一点精神都没有。如果能不做梦该多好啊！可是事实上，适当地做梦对人体是有益的。做梦可以锻炼大脑的思维能力，有助于体力和精力的恢复。如果长期不做梦，那就要注意了，因为这可能是大脑受到损害或者出现疾病的预兆。

33

为什么做过的梦有时会忘记？

有时候你会发现，自己做了一个美美的梦，可早晨醒来以后却怎么也想不起来了。这是因为做梦时人的记忆细胞最不活跃，记忆力最不好，做完梦后大脑并没有及时复习和存储，自然就不记得了。

为什么梦时有时无？

"妈妈，妈妈，为什么我有时会做梦，有时却不做梦呢？"很多小朋友都问过妈妈这个问题吧。其实，做梦是一种正常的生理反应，也是一种正常的心理现象。

睡觉的时候，虽然身体处于休息状态，但是大脑皮层的一小部分脑细胞仍在活动，人的一些想法和回忆会通过梦浮现出来，这也就是人们常说的"日有所思，夜有所梦。"不过，有些时候，大脑皮层也会犯懒，没那么活跃，自然就不会做梦啦！

灵巧的四肢和坚硬的骨骼

　　我们的四肢真灵巧，吃饭、穿衣、学习、运动……样样都少不了它们。我们的骨骼真坚硬，时时保护着我们的身体。那么，你知道四肢和骨骼有什么不可思议的奥秘吗？别着急，人体科学课堂开始啦！下面就跟着我们去书中一探究竟吧！

为什么剪指甲时我们感觉不到疼？

　　身体当中的每个部分受到伤害时，我们都会感到疼痛，但指甲作为身体的一部分，却不会感到疼。这是为什么呢？其实很简单。我们感觉到疼，是身体中有一个专门传递疼痛信号的神经告诉大脑的。指甲中没有"打小报告"的神经，所以在剪指甲时我们自然就感觉不到疼痛啦！和指甲一样，身体上的毛发也没有神经，所以我们理发时也不会感到疼。

指甲上的"小月牙"有用吗？

仔细观察一下自己的小指甲你会发现，有的指甲上面长着白白的"小月牙"。这是什么呢？这种"小月牙"叫"半月痕"。别看这些"小月牙"不起眼，它们的作用可大着呢！这些"小月牙"会随着身体素质和体内营养状况的变化而发生变化。如果我们的身体状况不好、免疫力弱时，这些半月痕就会变得模糊。

为什么手指有的长、有的短？

张开手掌你会发现，五个手指的长度完全不一样。为什么是这种情况呢？告诉你吧，手指长短不一样才能在我们拿东西、做事情的时候让手更加灵活，我们在抓不规则形状的物体时才能够抓得更加牢固。要是手指都一样长，那该是多奇怪的一件事情呀！

为什么手指比脚趾更灵活？

我们都有十只手指和十只脚趾。可是，它们的作用却不一样，手指要比脚趾灵活得多。这是因为我们平时使用手指比较多的缘故。每天我们都在用手指做各种事情，于是我们的手指越用越灵活。然而，我们的脚趾只是在支撑着我们的身体，不会做这些事情。慢慢地，脚趾就变得迟钝了。

为什么大拇指只有两节？

　　我们的手指很奇怪，食指、中指、无名指和小指都是三节，可是大拇指却只有两节。其实这样是对我们最有利的，如果大拇指有三节的话，整个手就会没有力量，就不能去做需要力量的事情了。两节的大拇指可以和其他手指更好地配合，这样我们就可以更加灵活有力了。

为什么大拇指要和其他四"兄弟"分开长呢？

　　手指五兄弟的关系很好，一直都齐心协力地工作。可是，大拇指却不愿意和其他四个"兄弟"并排站在一起。是这样的吗？其实，是你误会大拇指了。大拇指单独"站在一边"，可以和其他手指更好地配合，这样一来，我们的手就能更好地抓住东西了。试试看，使用食指和中指配合拿东西方便，还是使用大拇指与食指配合更方便呢？

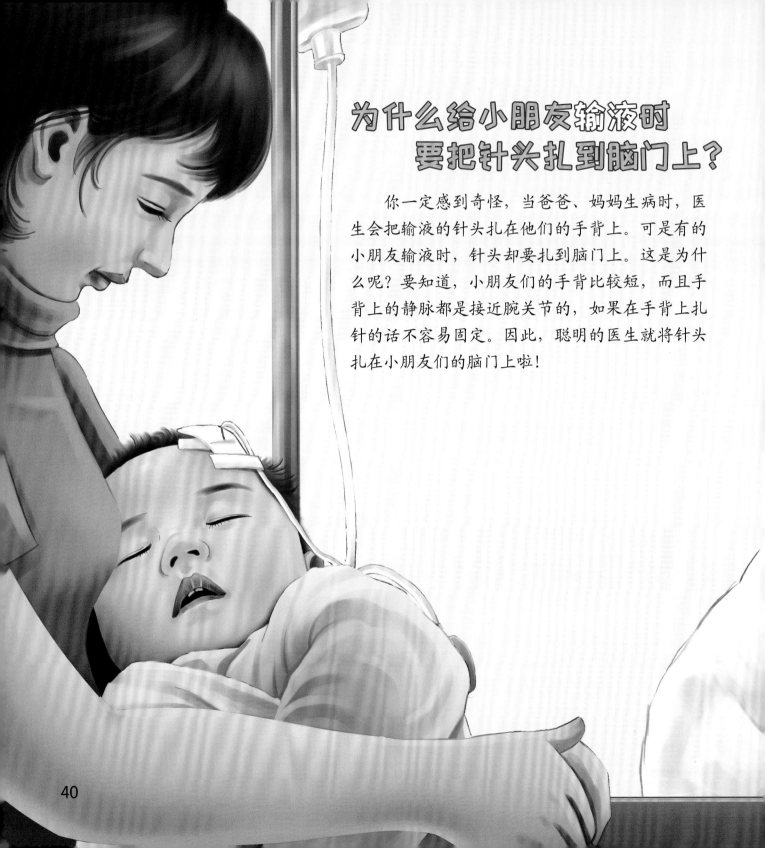

为什么给小朋友输液时要把针头扎到脑门上？

你一定感到奇怪，当爸爸、妈妈生病时，医生会把输液的针头扎在他们的手背上。可是有的小朋友输液时，针头却要扎到脑门上。这是为什么呢？要知道，小朋友们的手背比较短，而且手背上的静脉都是接近腕关节的，如果在手背上扎针的话不容易固定。因此，聪明的医生就将针头扎在小朋友们的脑门上啦！

为什么中医看病时要摸病人的手腕？

中医看病时常常会将手搭在病人的手腕上。这是在干什么呢？很多小朋友都知道，这是医生在把脉呢！脉搏实际上就是我们的血管在跳动，而血管的跳动和其他运动着的器官都有关系，所以可以通过这样的方式使医生了解病人的身体状况，也就能找出症结所在啦！

为什么打雪仗后小手会觉得热热的？

打雪仗时，雪球冰冰的，我们的手也凉凉的。然而奇怪的是，打完雪仗后，我们的手却是热热的。这是因为打完雪仗后，手的温度急需回升，血液循环会加快，这时手的温度就会升高。其实它和我们的体温是没有差别的，只不过因为之前手很凉，所以有了明显的温差感，这时就觉得手是热热的。

为什么走路时胳膊要跟着摆动呢？

走路时双臂会随着脚步摆来摆去，如果刻意不让自己摆动的话，就会发现走起路来非常别扭。这是因为摆动手臂能够很好地保持身体平衡，让身体更加协调，从而让人更平稳地走路。

为什么身体受冷了身上会起鸡皮疙瘩？

　　一阵冷风吹来，我们往往会不自觉地打一个冷战。抬起胳膊，会发现上面有很多鸡皮疙瘩。这是怎么回事呢？当身体受冷的时候，每一根汗毛下面的小肌肉就会开始收缩，这时，皮肤上就会有一个个小凸起，这就是我们看到的鸡皮疙瘩啦！

为什么大人的胳肢窝里有腋毛？

当爸爸抬起胳膊时，你会发现他的腋下有很多腋毛；抬起自己的胳膊，却发现腋下没有这些"毛毛"。为什么爸爸的胳肢窝里有腋毛呢？告诉你吧，无论男人、女人，进入青春期以后，体内都会有一定的雄性激素。腋毛就是激素作用的结果。小朋友们还在成长中，体内没有这种激素，自然就没有腋毛啦！

腋毛有什么用呢？

爸爸腋下长了很多毛毛，你一定觉得非常难看吧？可是，我要告诉你，这些丑丑的腋毛作用很大呢！胳肢窝有很多细菌，而且也容易沾上灰尘。但是不要担心，因为腋毛可以起到很好的保护作用，它们可以保持腋下干爽卫生。而且，它们还能减轻人体手臂活动时皮肤之间的摩擦力，保护腋窝处皮肤。怎么样，腋毛的作用不小吧？

为什么量血压要测量右胳膊？

　　医生在为我们量血压的时候总是测量我们的右胳膊，左右两边的结果难道不一样吗？是这样的，我们的左右胳膊测量出的血压的确有差别。量血压需要对大血管的动脉压进行测量，因此，量的地方越是离大动脉近，血压就越精确。而我们的动脉走向都是靠近身体右侧的，所以量血压时测量右胳膊能得到更准确的数据。

为什么小朋友要多晒太阳？

你喜欢晒太阳吗？告诉你，多晒太阳好处多多！我们的皮肤当中有维生素D3，在太阳光当中的紫外线的作用下，它会发生改变，变成维生素D！维生素D有什么作用呢？告诉你吧，我们骨骼的发育可离不开它呢！维生素D可以帮助我们吸收钙和磷，让我们长高个儿！另外，少量的紫外线还可以帮我们的皮肤杀菌，增强身体的免疫力呢！

为什么小朋友要多补钙？

妈妈常常会为小朋友买来一些补钙的药品和食物。这是因为我们的身体是靠骨骼支撑的，而骨骼中最主要的成分就是钙质。小朋友们正处于长身体的关键时期，骨骼发育迅速，所以很容易缺钙。为了让自己拥有好体质，缺钙当然就要补钙啦！

为什么小朋友不适合睡软床？

很多小朋友喜欢睡在松松软软的大床上，因为这样的床又软又舒服。其实，软软的床可是一个"温柔的陷阱"。小朋友正在长身体，骨头非常软。如果总是睡在软床上，那么骨骼可能会变形。所以，为了自己的健康，小朋友最好还是睡在硬一点的床上吧。

47

为什么人都有骨骼?

我们的身体中有很多硬硬的骨骼。那么，这些骨骼有什么作用呢？告诉你吧，我们的身体之所以能够支撑起来，就是这些骨骼的功劳！有了骨骼的支撑，我们的身体中才有足够的空间存放心脏、肠胃等器官。有了骨骼，我们的双腿才可以走来走去。你们说说看，骨骼是不是很重要呀！

为什么骨头是硬硬的?

摸摸自己的骨头你会发现，它们硬硬的。这是为什么呢？骨头是由骨质、骨髓和骨膜组成的。骨质上有紧密排列在一起的骨板，这让骨头有很强的抗压能力。此外，骨头中还含有很多的有机质和无机盐，这让骨头坚硬的同时也很有弹性。

48

小朋友的身上
有多少块骨头？

对于成人来说，不管是男人还是女人、中国人还是外国人，身体中都有 206 块骨头。它们分别是 6 块听小骨、23 块颅骨、51 块躯干骨和 126 块四肢骨。可是，小朋友的骨头可不是这个数字。小朋友的骶骨有 5 块，长大后才会合为 1 块；尾骨有 4 ～ 5 块，也要到长大后才会合成 1 块。另外，小朋友还有 2 块髂骨、2 块坐骨和 2 块耻骨。这些骨头在小朋友成人后会组成 2 块髋骨。这样算下来，小朋友的骨头要比成人多十几块呢！

为什么跳高时要弯曲膝盖呢？

当你想要跳起来时，就需要将自己的膝盖弯曲。如果想要跳得非常高，膝盖弯曲的幅度就得更大。这其中有什么奥妙呢？原来，当我们弯曲膝盖想要跳起来时，身体向上抬，膝盖则有一股向下的力，这种力蹬到地面上，又会变回向上推的力。这样，我们就可以跳起来了。

50

为什么膝盖撞到桌脚时皮肤会变青？

如果膝盖不小心撞到桌脚的话，就会出现淤青。这是因为，被撞击的地方的软组织出现了损伤，这样，皮肤下的毛细血管会破裂，血就会渗入到组织细胞中。毛细血管中的血液都是红色和紫红色的，所以，根据破裂的血管不同，淤青的颜色也会有所不同：如果是氧气充足的动脉血管，会呈红紫色；如果是含氧气少的静脉血管，则会显现出青紫色。

为什么跑完步第二天腿会疼？

小朋友高高兴兴地和妈妈一起跑步，可是第二天起床后，腿却是酸酸的、疼疼的。这是为什么呢？原来，在跑步的时候，身体会产生一种叫作乳酸的物质。这种乳酸多了，堆积在肌肉中，人就会产生一种酸酸的、疼疼的感觉了。

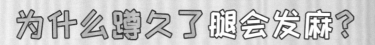

为什么蹲久了腿会发麻？

"快看，小蚂蚁在搬家呢！"看到这样的场景，你一定会非常兴奋地蹲下去仔细观察，眼睛连眨都不眨一下。可当想要站起来时，却发现自己的腿麻麻的，甚至都不听使唤了。这是因为蹲下去的时候，身体的重量就压在了大腿上。大腿被压住了，腿上的血管就不高兴了，因为血液流通的路被挡住，不能进行血液循环了。我们之所以会腿发麻，正是因为血液运行不畅的缘故。

为什么蹲久了突然站起时眼前会发黑？

当蹲的时间久一些，站起来时就会感到眼前一片黑暗。这是怎么回事呢？告诉你吧，这是因为人在蹲着时，大腿的血管被压住了，血液不能流到下肢去，这时，下肢就会缺血。而当蹲着的人站起来时，下肢的血管就又畅通无阻了，这时，大量的血液会立刻往下肢流去。这可苦了大脑了，因为血液都流到下肢去了，脑袋里的血液可就不够用了。这样，大脑就会出现短时间的缺氧和营养不足的情况，于是，人站起来时就会觉得眼前一黑了。

为什么爷爷的脚后跟会长茧?

咦，爷爷的脚后跟长了厚厚的一层茧子，这是为什么呢？告诉你吧，爷爷的年龄大了，双脚的皮肤过度摩擦，脚的外表皮和真皮层分开了，形成了一个空空的区域。为了保护双脚，脚上的皮肤就会产生一种生理盐水，脚后跟就会长出水泡。当这种水泡消下去之后，外面的皮肤变硬，就会形成我们说的茧子啦！

为什么脚会臭臭的?

　　爸爸的脚好臭好臭。当你闻到爸爸的脚的味道时,会立刻捏住自己的小鼻子。为什么爸爸的脚这么难闻呢?其实这是因为爸爸的脚容易出汗,这些汗液中除了有水分、盐分,还有乳酸和尿素,它们为细菌的滋生和繁殖创造了良好的环境。细菌会分解出角质蛋白,这种物质与乳酸和尿素混合,就会散发出一种难闻的气味啦!

为什么脚心是向里凹的?

　　抓起自己的脚看一下,脚心是不是凹进去的呢?不要害怕,这是非常健康的状态。其实,我们人的脚心都是凹进去的,形成像弓弦一样的足弓,这样的结构是为了让脚更有弹性,从而可以更好地支撑身体的重量。

为什么冬天时手脚会生冻疮？

　　冬天非常冷，很多小朋友的手和脚都会被冻坏，生出冻疮。生冻疮的手痒痒的、疼疼的，真是难受极了。那么，为什么冬天时手脚容易生冻疮呢？因为在天气冷的时候，我们皮肤上的小动脉就会收缩，时间长了，静脉便会淤血，造成局部血液循环不良，就会长出"冻疮"了。

56

娇嫩的身体器官

　　我们的身体里藏着很多器官，它们就像亲密的小伙伴一样，时时为我们提供各种帮助。不过，这些"小伙伴"也需要我们的精心保护，因为它们娇弱得很。小朋友，你想亲自去了解它们的秘密吗？想知道它们蕴含的科学道理吗？那么，马上整理行囊，现在就出发吧！

为什么心脏不工作人就会死？

你知道吗？如果心脏停止跳动，人就会死去。这是因为，如果心脏停止跳动，那么血液运输就失去了动力，血液就无法循环。身体各部分所需的营养和氧气没有了，"运输兵"也只能"停工"了。身体各个器官都不工作，人自然会死去。

为什么小朋友的心跳得比大人快？

你知道吗？小朋友的心跳比大人跳得快。这是因为小朋友的身体正在快速地发育，新陈代谢的速度较快。在成长过程中，小朋友需要更多的养分，而这些养分基本上都是靠血液输送的。心脏跳动加快，就能提升血液输送营养的速度。

人的肝脏有什么作用？

想不想知道人的肝脏有什么用？下面就让我们一起来了解一下吧。首先，肝脏可以把淀粉和糖类合成一种肝糖原储存起来，当我们的身体有需要时再将它们释放出来。也就是说，它是一个能量储存库。其次，肝脏有非常重要的代谢功能，它能够合成蛋白质、脂肪以及维生素，要知道这些营养物质对我们的身体有着非常重要的作用呢！不过，它的主业并不是这些，而是解毒。肝脏可以化解身体中的一些毒素，保证我们的身体健康。怎么样，我们的肝脏是不是非常厉害呀？

为什么跑步后心脏会"怦怦"跳？

　　小朋友跑完步后会累得上气不接下气的，心脏也会"怦怦"跳，这是为什么呢？跑步时，我们的呼吸频率会加快，这样肺部也会加快工作。内脏在工作过程中会消耗大量的氧气，为了提供足够的氧气，心脏就需要加快运转。当我们跑完步休息时，这种消耗氧气的活动还没有停止，所以心脏还是会"怦怦"地跳个不停。

为什么血液是红色的？

　　我们的血液红红的，看上去鲜艳极了！为什么血液是红色的呢？这是因为血液中含有很多血细胞，而在众多的血细胞中，红细胞最普遍，所以血液就呈现红色了。不过，不是所有的动物都像我们人类一样流着鲜红的血液，像有"活化石"之称的海洋动物中华鲎(hòu)的血液就是蓝色的。

贫血是怎么一回事呢？

为什么有些人会贫血？相信小朋友们也很想知道吧。实话告诉你们吧，贫血是因为身体里的造血原料不充足。这样，血液的运输能力就会比较差。身体无法得到充足的养料，整个人会感觉很乏力虚弱，有时还会有头晕的症状呢！

为什么输血时一定要对应血型？

输血时，医生总是要求输送同一种类型的血液。这是为什么呢？原来，血液中含有很多抗体。如果把不同血型的血液输送给别人，不同血型之间会出现不和的情况。这时候红细胞就会释放出一种胆红素，这会让人感到呼吸不畅，严重时甚至会引起死亡呢！

人的血管分为几种？

我们身上有很多血管。那么你知道它们都是什么血管吗？告诉你哦，根据构造和功能的不同，可以将血管分为动脉、静脉和毛细血管三种。动脉遍布全身，承担着将血液从心脏输送到身体各处的重任。静脉将血液从身体各处输送回心脏。而毛细血管是血液中氧气与营养物进入人体细胞的介质。所以，每种血管都很重要！

血液循环一周需要多长时间？

我们的身体靠血液的不断循环维持着正常的生理活动，所以血液循环是一刻都没有停歇的。小朋友们知道血液在身体中循环一周要多久吗？一个小时？一天？还是更久？告诉你吧，血液循环一周仅仅需要20多秒钟的时间。这么快的速度，你一定想象不到吧！

为什么汗水流到伤口上伤口会很疼？

　　如果身上有伤口，汗水流过的时候，我们就会有很强烈的痛感，有的小朋友还会疼得大叫起来呢！你一定很想问：为什么汗水流到伤口时我们会觉得很疼呢？这是因为汗水中含有很多盐分，这些盐分对伤口有很强的刺激性，伤口附近的神经感受到这种刺激，人就会觉得疼。

为什么伤口感染了会流脓?

你知道吗?一些严重的伤口如果没有经过特殊处理,很有可能出现流脓的现象。这是因为空气中有很多细菌和病毒,它们特别想从伤口溜进我们的身体里。不过,这些坏家伙不会得逞,白细胞会将它们统统消灭。那些脓水就是死掉的细菌和白细胞混合在一起之后形成的。

为什么伤口愈合时我们会觉得痒痒的？

伤口愈合时，我们总是觉得痒痒的。你知道这是为什么吗？告诉你吧，当伤口愈合时，体内的纤维细胞就会制造出很多胶原，让伤口处长出新皮。在这个过程中，伤口附近的组织会收缩，伤口处就会有痒痒的感觉了。当然，伤口发痒还有另一种可能，就是伤口处理得不够好，被细菌入侵了。所以，小朋友们在受伤时更应该注意个人卫生！

为什么伤口流血后会自己结痂？

皮肤破了，血管也破了的时候，血液就会流出来。不过，我们不用担心血液会流光，因为过一段时间，皮肤上的伤口就会结痂。这些痂硬硬的、黑黑的，究竟是什么呢？这些痂是皮肤上的活组织脱落后形成的死组织块。这些组织失去了活性，就成了黑黑的痂了。

为什么肚子饿的时候会 "咕咕" 叫？

"咕咕，咕咕——" 肚子又在抗议呢！当你的小肚子很饿的时候就会演奏 "交响乐" 了。为什么肚子饿了就会 "咕咕" 叫呢？告诉你吧，饥饿的时候我们胃部的肌肉就会相互扯动，这时候，可怜的胃就像一个软软的小管子，当空气和水在胃里受挤压时就会发出 "咕咕" 的声音了。

胃是怎样消化食物的？

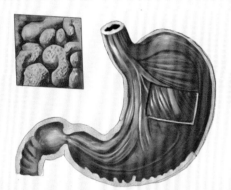

小朋友都喜欢吃美味的东西，像水果、糖果、糕点和排骨等等。我们每天都会吃很多东西，但这些食物并没有堆积在胃里。那它们哪去了？原来，它们是被胃给消化了。那么胃是怎样做到的呢？我们的胃能够分泌出一种酸酸的胃液，而胃液可以生成胃蛋白酶。这种胃蛋白酶非常厉害，可以把我们吃的食物中的蛋白质分解消化掉，从而让我们的身体充分吸收营养。

为什么胃酸不会把胃腐蚀掉？

胃酸那么厉害，可以腐蚀掉硬硬的东西，为什么胃本身不会被腐蚀呢？这是因为胃除了分泌胃酸之外，还可以分泌出一种黏液。这种黏液非常黏稠，能把整个胃的内壁表面完全覆盖起来，即使很硬的食物也不会损害胃的。此外，这种黏液还是呈弱碱性的，可以中和胃酸，进而防止胃被胃酸腐蚀。也就是说，胃有一层能对抗胃酸的"铠甲"，可以很好地防止胃酸对胃黏膜的腐蚀。因此，胃根本不会害怕自己被消化掉。

67

肺泡有什么作用?

　　肺里有很多细小的支气管，最细的支气管比头发还要细呢！在这些支气管的末端有许多小囊泡，它们的名字叫肺泡，是肺部气体交换的主要部位。空气中的氧气就是通过肺泡进入血液的。

为什么吸烟对身体不好？

　　吸烟对身体有非常大的损害。烟草中有大量的尼古丁，它可是很厉害的毒性物质！据说一支烟中的尼古丁可以杀死一只小白鼠。而烟草燃烧所产生的一氧化碳更是可以削弱我们身体中红细胞的作用，使红细胞不能很好地运输氧气，这就可能使我们的身体出现中风、心肌缺氧等心血管疾病。所以，小朋友们一定要远离烟草！

为什么肺可以吸收氧气？

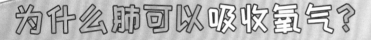

　　人靠呼吸才能活着。这都要感谢我们的肺，因为它是重要的呼吸器官。那么，小朋友们想不想知道为什么肺可以吸收氧气呢？告诉你们吧，我们的肺上长有一层半透膜，可以选择能够通过的物质，而氧气恰巧是可以通过这层半透膜进入肺泡内的。所以，肺就能将进来的氧气吸收啦！

尿是怎样排出的?

　　小朋友们知道吗?人的肾就像一个过滤器,能将血液中多余的水分和废物过滤出来。这些水分和废物通过输尿管贮存到膀胱里。膀胱像个西红柿那么大。尿液不断增多,膀胱就会慢慢胀大。当尿液达到一定的量时,神经就会向大脑发出信号——快快,我想尿尿!大脑收到信号,就会给膀胱和尿道之间的括约肌以及膀胱内壁的逼尿肌发出指令,让逼尿肌收缩,括约肌放松,尿液就会从尿道排出体外了。

为什么肾脏被称为"血筛子"？

肾脏的功能可多了！除了能生成尿液来维持人体内水的平衡外，它还能排泄体内的代谢产物和有害物质，过滤血液，清除身体里的"废物"和多余的水。这么一来，我们的身体就轻松多了！所以，我们把肾脏这个保留营养物质、排出毒素的器官，形象地称作"血筛子"。

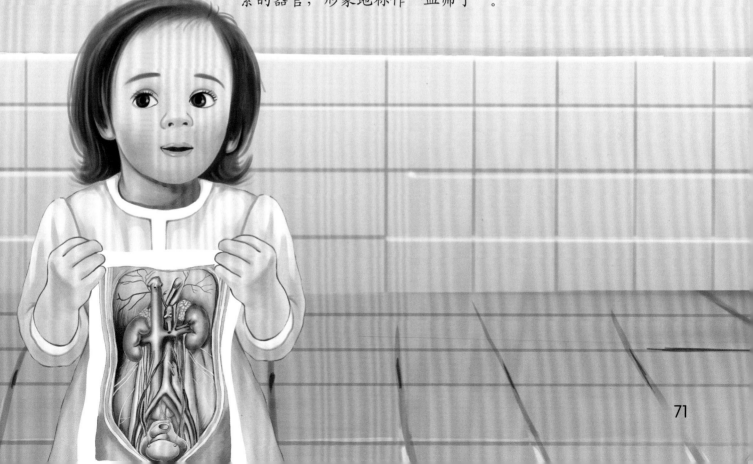

大肠与小肠是如何分工的?

　　小朋友都知道，肠道分为大肠和小肠，那它们是怎么分工的呢? 告诉你吧，我们吃下去的食物很大一部分的消化都在小肠进行，小肠在分解消化吸收食物的营养物质的同时，它还负责把消化不掉的食物残渣送到大肠，其中的水分被大肠吸收掉后，剩下的部分就会形成粪便，在上厕所时被排出体外。

为什么说肠道还有免疫功能？

　　你知道吗？肠道不仅有消化和吸收功能，还具有免疫功能呢。我们平时吃东西时，难免会有细菌通过嘴进入体内，"病从口入"说的就是这个道理。但是，肠道中的有益菌可以把病菌吞掉或暂时挡在外面，让那些病菌在还没有危害到健康时就随着大小便被排出体外了。

73